INVIABILIDAD DE LA

REPARACIÓN CIVIL EN DELITOS

DE PELIGRO

AUTOR: MIGUEL ANGEL SAAVEDRA CRUZ (ABOGADO, ESTUDIANTE DE LA MAESTRÍA EN CIENCIAS PENALES DE LA UNIVERSIDAD MAYOR DE SAN MARCOS

I INTRODUCCION A LA PROBLEMÁTICA DE LA INVESTIGACION

En cuanto a la reparación civil hay quienes señalan que la reparación del daño material del delito no debe discutirse en la vía penal, dado que la naturaleza de ésta es civil (de responsabilidad extracontractual).

Por otro lado no todo delito genera necesariamente un daño material o moral, y en todo caso ¿es viable siempre imponer el pago de una reparación civil?. En un delito que no ha provocado ningún daño o menoscabo, ¿no debiera bastar con imponer las consecuencias penales?

Como bien señala Prado Saldarriaga en lo referente a la reparación civil, las resoluciones judiciales muestran muchas deficiencias. Al parecer los jueces penales carecen de una adecuada aptitud técnica para fijar con razonables cuotas de acierto y equidad, las indemnizaciones que corresponden a los agraviados con la comisión de un hecho punible[1] lo que nos lleva a la conclusión que la legislación en cuanto a la reparación civil es deficiente, y al no existir parámetros por los cuales se debe determinar la reparación civil[2] como si los hay para determinar la pena en el artículo 45° y 46° del Código Penal vigente.

Al no existir normas que en forma específica señalen como determinar los criterios de determinación de la reparación civil y si necesariamente en

---

[1] PRADO Saldarriaga, Víctor. *Las Consecuencias Jurídicas del Delito en el Perú.* Gaceta Jurídica Lima 2001,p. 534

[2] El artículo 69° del Código Penal de 1924 establecía que "la reparación se hará valorando, entidad del daño, por medio de peritos si fuere practicable, o por el prudente arbitrio del Juez".

todos los delitos debe de aplicarse vemos con gran preocupación que del análisis de diversas sentencias judiciales referentes a delitos de peligro, sobre todo en los de peligro abstracto, se ha verificado que sin ningún criterio jurídico (objetivo) los operadores judiciales, al tomar una decisión, no se han preocupado por sustentar con argumentos de hecho y de derecho (faltando con ello al principio de motivación de las resoluciones judiciales contemplado en nuestra Constitución Política y en el artículo 12 de la Ley Orgánica del Poder Judicial, quedando a su criterio (subjetivo) el determinar, cuando no corresponde, una reparación de por más arbitraria.

Al determinar una reparación civil sin el más mínimo criterio, conlleva a que el sentenciado se vea afectado a fin de pagar con un daño inexistente, puesto que no se ha lesionado, ni vulnerado bien jurídico materia de protección.

II. JUSTIFICACIÓN DE LA INVESTIGACIÓN

En la normatividad vigente no se encuentra plasmado los lineamientos que deben de tener en cuenta los operadores jurisdiccionales para determinar el monto de reparación civil, y si en todos los delitos se debe necesariamente debe establecer una reparación civil, quedando al libre albedrío su determinación.

El operador jurisdiccional debe partir del hecho que para poder imponer una reparación debe de existir un daño materialmente acreditado susceptible de ser valorado económicamente, la doctrina mayoritaria se inclina por considerar que nos encontramos ante una responsabilidad de naturaleza civil.[3]

En nuestra normatividad penal encontramos los delitos de resultado y delitos de peligro, en los primeros no hay mayor problemática para que se imponga una reparación civil en aquellos se exige la lesión del objeto de la acción que ha de ser un objeto material cuya lesión es imputable objetivamente a la acción del autor, es decir hablaremos que estos delitos se configurarían cuando en la realidad se pueda comprobar el menoscabo o lesión del bien jurídico protegido (el problema esta en como determinar el monto que corresponde por concepto de reparación civil).

Ahora, en los delitos de peligro para su configuración basta con que se ponga en peligro un bien jurídicamente protegido (se cree un riesgo) sin que se exija que exista lesión de una persona o de un objeto material por lo tanto

---

[3] *BARJA DE QUIROGA. Jacobo López. Derecho Penal - Parte General- Tomo III. Gaceta Jurídica- Lima 2004, p.347.*

no es exigible el pago de una reparación civil dado que no existe daño alguno que reparar; estos delitos pueden ser de peligro concreto o de peligro abstracto. En los primeros, esto es, en los **delitos de peligro concreto,** el peligro generado por la acción ha de ser adecuado y suficiente, al menos, para producir la lesión del objeto protegido, de manera que pueda constatarse en el caso concreto el peligro sobre el objeto; ha de existir, por consiguiente, un peligro que genera la posibilidad concreta de lesión de un determinado objeto.

En los casos de delito abstracto el hecho es más grave pues se viene imponiendo una reparación civil sin que el juzgador fundamente este extremo. En este tipo de delitos existe solo una amenaza de peligro del bien jurídico, **no es preciso que exista una posibilidad concreta de producir la lesión, sino que es suficiente con que se realice la acción**[4]. Por tanto, se ha vulnerado una norma jurídica, mas no un daño o perjuicio efectivo (lesión materializada que cree un menoscabo); por lo cual solo debería de imponerse una sanción no siendo posible la imposición de reparación civil.

Este punto es de suma importancia dado que se viene imponiendo una reparación civil a las personas que cometen el delito de peligro abstracto, las cuales, si bien es cierto han vulnerado una norma jurídica (lo cual conlleva necesariamente una sanción); sin embargo no debería darse una imposición de reparación civil, pues en este caso simplemente ha existido una amenaza de peligro, mas no así un daño o perjuicio efectivo.

---

[4] *Se sostiene que la represión de los delitos de peligro no tiene por objeto proteger directamente bienes jurídicos, sino más bien el interés distinto y autónomo a la seguridad sobre la existencia de los mismos. El titular del bien jurídico atacado vería cuestionado su interés de tener la seguridad de poder disfrutar de éste. HURTADO POZO, José. Manual de Derecho Penal. Parte General I. 3ª edición. Lima: Editora Jurídica Grijley, 2005. 1087 pp.; p. 778.*

III. PROBLEMA

PROBLEMA PRINCIPAL

- ¿Cuál es la Justificación jurídica para determinar la aplicación de una reparación civil en los delitos de peligro al no existir daño material, ni moral como efectos de los mismos?

PROBLEMAS SECUNDARIOS

- ¿Cuál es el fundamento jurídico utilizado por los operadores jurisdiccionales para determinar la existencia de una reparación civil?

- ¿Basta el criterio de conciencia para determinar la existencia y el monto de una responsabilidad civil?

IV.   DESCRIPCIÓN EMPÍRICA DEL PROBLEMA

Ante un hecho delictivo se impondrá necesariamente una sanción penal y de producirse un daño material o moral en la persona del agraviado o de un tercero se impondrá una reparación del daño ello de acuerdo artículo 93° del Código Penal que señala que la reparación civil comprende la restitución del bien o si no es posible, el pago de su valor; y de ser caso el determinar una indemnización de los daños y perjuicios irrogados.

La problemática esta dada, en que si en todos los delitos necesariamente debe aplicarse una reparación civil como consecuencia propia del mismo, por ejemplo en los delitos de peligro abstracto, no existe un peligro objetivo, en este caso se reprime este hecho por haber trasgredido la normatividad, dado que su conducta crea un estado de inseguridad para los demás miembros de la sociedad. Entonces al determinarse que la reparación civil tiene como fin reparar o indemnizar el daño causado, es decir cuando alguien resulta perjudicado material o moralmente como consecuencia de la violación o menoscabo de un bien jurídico, no es posible aplicar una reparación civil en este tipo de delitos.

Si bien es cierto el artículo 92° del Código Penal establece que la reparación civil se determina conjuntamente con la pena, ello no implica que necesariamente deba imponerse una reparación cuando se imponga una pena, puesto que uno de los principales elementos de la responsabilidad civil es el daño, elemento que en los delitos de peligro no llega a concretarse (menos en los delitos abstractos); por que entonces si no existe daño se fija reparación civil en los delitos de peligro.

Ahora, se debe tener presente lo señalado en el inciso 2) del artículo 93 del Código Penal que nos habla que la reparación civil también comprende la indemnización de los daños y perjuicios, es oportuno que el Juez administre el punto con el Derecho Civil que regula ese ámbito, la materia y entre otros conceptos se atenderá al daño emergente lo mismo que al lucro cesante[5]. En la medida en que el hecho típico y antijurídico punible dé lugar a la producción de un daño material o moral a la víctima o a un tercero, este hecho dará lugar a la aplicación de una consecuencia Jurídica de reparación del daño, de restitución del objeto de que se haya privado a su titular y, en su caso, de indemnización del perjuicio material o moral producidos; esta consecuencia es la denominada responsabilidad civil derivada del delito.

Al determinarse que el elemento principal de la reparación civil es el daño, entonces solo existiría obligación de reparar este cuando alguien resulta perjudicado como consecuencia de la violación de un deber jurídico preexistente se daña materialmente el bien jurídico protegido. Este elemento, daño, no esta presente en los delitos de peligro (o no llega a concretarse); por lo cual es importante analizar y cuestionar porqué si no hay daño se fija reparación civil en los delitos de peligro (más aún si se trata de un delito de peligro abstracto), por lo cual no existe fundamento jurídico para imponer una reparación civil.

---

[5] *VILLA STEIN, Javier. Derecho Penal, Parte General. Segunda Edición, editorial San Marcos Lima 2001,p. 534.*

V. HIPÓTESIS

HIPÓTESIS: No existe sustento jurídico para la imposición de una reparación civil en los delitos de peligro abstracto, por tanto no es viable su aplicación.

VI. OBJETIVOS

Objetivo Principal

Determinar si es viable la imposición de la reparación civil en delitos de peligro.

Objetivos Específicos

Determinar si son aplicables a la reparación civil los mismos presupuestos de la responsabilidad civil extracontractual, a fin de precisar la importancia del daño.

Establecer que alternativas podrían suplir o remplazar la imposición de una reparación civil en los delitos de peligro.

VII. DESARROLLO DEL MARCO TEORICO

GENERALIDADES SOBRE LA REPARACIÓN CIVIL:

En épocas histórico-jurídicas anteriores (siglo XIX) constituía una tarea esencial del Derecho penal proporcionar al perjudicado un resarcimiento por los perjuicios causados como efectos propios del delito, la moderna evolución jurídica rompió el lazo entre delincuente y víctima, convirtiendo al Derecho penal en una disciplina del Derecho público que se ocupa de la relación del Estado con el agente comisor de un ilícito, de modo que la víctima queda relegada muchas veces, aparece en el proceso penal como testigo; y por otro lado, las relaciones entre inculpado y víctima se dan en razón de las pretensiones indemnizatorias. En cuanto a la reparación civil hay quienes señalan que la reparación del daño material del delito no debe discutirse en la vía penal, dado que la naturaleza de ésta es civil (de responsabilidad extracontractual).

En la actualidad con las modernas teorías funcionalistas, en el ámbito de la política criminal y del sistema penal, la victima es entendida como objeto de protección jurídica tanto en la búsqueda de su satisfacción moral o económica, como en la forma de concluir con esa satisfacción a una manera de mantener la paz social. Por lo que es estudiada de manera autónoma por la victimología o más propiamente por la victimodogmática.

El delito puede generar un derecho de resarcimiento o indemnización para la víctima; esta consecuencia jurídica que surge por el daño y perjuicios generados al agraviado y que es totalmente distinta de la sanción penal (pena o medida de seguridad, o en su caso a consecuencia accesoria aplicable a personas jurídicas).

CONCEPTO DE REPARACIÓN:

Como sostiene Larrauri Piojan, el concepto de reparación posee una acepción amplia que permite abarcar varias opciones semánticas. Entre ellas destacan, sobre todo, las que se identifican con "aquellas medidas que realiza el infractor de contenido simbólico (presentación de disculpas) económico (restitutorio, compensatorio o indemnizatorio) o material (prestación de un servicio) a favor de la víctima (individual o colectiva)"

En un sentido amplio, se debe entender como reparar el mal causado por el delito comprendería la pena y la responsabilidad civil; la primera adquiere el significado de una reparación simbólica entre la víctima y la sociedad, y la segunda se dirige directamente a la indemnización de los daños causados efectivamente a la víctima, como efecto jurídicamente obligado derivado del delito.

Siempre se ha entendido como el fundamento de la reparación la condición de ilícito que acompaña y caracteriza al hecho punible. En la doctrina contemporánea se debate arduamente en función a la naturaleza jurídica de la reparación. Así por ejemplo, Roxin niega que la reparación sea una forma de pena. Sin embargo, admite, que ella puede considerarse "como sanción autónoma, como tercera respuesta (tercera vía) posible al delito junto a la pena y a la medida, a las que puede moderar, pero también, en su caso sustituir".

La mayoría de los penalistas esta de acuerdo que la reparación no opera correctamente como función preventivo general negativa, ya que al parecer no intimida; por el contrario puede generar efectos disfuncionales a la vista de que no todos pueden ser disuadidos con el efecto de la reparación. SILVA considera que la reparación tiene la función preventivo general positiva o integradora y la especial, como criterio de resocializar a través de la responsabilidad por el hecho, y con la primera, señala que la reparación puede expresar, ciertamente, en determinados casos, el reconocimiento y consiguiente estabilización de la norma vulnerada suficientes para producir el efecto de confianza de la colectividad en el funcionamiento del ordenamiento jurídico.

ROXIN considera que la reparación constituye una tercera vía, pero esta tercera vía, consiste en una prevención general positiva o de integración, siendo una forma de aquella, en vista al efecto de satisfacción que se alcanza cuando la comunidad percibe que se ha eliminado la perturbación social ocasionada por el delito. Considera que este aspecto, como la restauración de la paz jurídica, le corresponde a la reparación una tarea que ni la pena y la medida de seguridad pueden cumplir de igual forma. Ello es así porque con el castigo del delincuente la perturbación social que ha ocasionado no desaparece, en modo alguno, mientras que persista el perjuicio de la víctima. Agrega que sólo cuando ésta haya sido respuesta en sus derechos dentro de lo posible, dirán ella misma y la comunidad que el conflicto social ha sido resuelto correctamente y que el delito puede considerarse como eliminado.

Somos testigos que la aplicación de consecuencias de naturaleza civil (reparación civil) al autor de un hecho punible, ha sido una constante en el proceso de evolución del Derecho Penal peruano. En efecto, siguiendo al modelo español nuestros códigos penales han incluido siempre disposiciones destinadas a regular el resarcimiento de la víctima del delito.

Actualmente la reparación civil en el Código Penal de 1991 se encuentra regulada en el Título IV, desde al artículo 92° al 101°.

CONCEPTO DE VÍCTIMA:

Como bien sabemos de un mismo hecho criminal pueden resultar varias personas afectadas. Algunos, pueden además ser objetos de la acción, sujetos pasivos o perjudicados simultáneamente. Esta conjunción de figuras penales se encuentra con mayor afluencia en los delitos contra la persona, como por ejemplo en el delito de lesiones, en donde la víctima es tanto el objeto material del delito como el sujeto pasivo y el perjudicado a la vez.

Entonces debe entenderse como víctima a aquel que ostenta el derecho que es inherente al bien jurídico penalmente protegido, que ha sido dañado o puesto en peligro. En cambio el sujeto pasivo siempre es el titular del bien jurídico protegido. Con un ejemplo aclaramos este panorama. En el delito de hurto a una señorita que lleva consigo una cartera de alto valor, que es de propiedad de su hermana. La víctima, es la señorita a la que se le ha hurtado la cartera. El sujeto pasivo de dicho delito es la hermana, quien es la propietaria del bien jurídico patrimonio, quien a su vez es la perjudicada económica de ese hecho.

En términos generales el perjudicado, es aquel sujeto que se ve afectado con el delito, pero que no es titular del bien jurídico lesionado o puesto en peligro. Por ejemplo, aquel que presta su automóvil a un amigo X, que se lesiona gravemente a consecuencia de un choque con otro vehículo, en este caso el primero es el perjudicado por los daños a su propiedad

Como bien anota MIR PUIG[6], haciendo referencia a ANTOLISEI "sujeto pasivo es el titular del interés cuya ofensa constituye esencia del delito. Agrega que

---

[6] MIR PUIG, Santiago, *Derecho penal, Parte general*, Barcelona, 1998, p. 198.

según esto "el sujeto pasivo no coincide necesariamente con el sujeto sobre el que recae físicamente la acción, ni con el perjudicado".

En algunos casos no es tan sencillo hacer esta diferenciación, ya que el concepto de víctima puede llegar hasta grados muy amplios; porque tan víctima puede ser una persona individual o un ente colectivo.

Se dice que en todo delito, a parte del individuo que es afectado directamente, también la sociedad es víctima. Por ejemplo, en los delitos contra el medio ambiente. Y hasta en el homicidio, en donde no sólo al afectar un bien jurídico individual, vida, se esta también afectando a la sociedad en sí, ya que dicho sujeto es parte de la misma. Pero se debe ser restrictivo en la utilización del concepto víctima.

<u>NOCIÓN DE DAÑO:</u>

La noción de daño, tanto en la Doctrina como en la jurisprudencia, corresponde tanto al **detrimento, pérdida o menoscabo que puedan afectar a una persona en sí misma, como a los que puedan comprometer su patrimonio.**

Entender como daño al menoscabo a un bien, implica dar un concepto demasiado amplio y general que le resta trascendencia. Para salvar el concepto, **debemos relacionar el menoscabo con el derecho, para así precisarlo.**

A la idea del menoscabo a un bien debe agregársele la de que sea producido en violación a una norma jurídica (antijuridicidad), y la de hacer nacer la responsabilidad de la persona.

Esta idea de lesión, aunque ampliada, no es completa: produce un efecto multiplicador en relación a la cantidad de bienes lesionados: físico-patrimonial-espiritual-psíquico-estético-lucro cesante-emergente-privación de uso en sí mismo, etcétera. **Y también decir que daño es la lesión a un bien o derecho subjetivo, es erróneo, porque es algo difuso, ya que encontramos derechos subjetivos que no dan al resarcimiento, pues son sólo interés de hecho.**

Es por ello que cabe aquí decir que el DAÑO será toda lesión a un interés legítimo.

Extra-Patrimonial; (DAÑO MORAL). La asignación de daño extrapatrimonial, sirve para designar los casos en que el daño afecta a la persona en sí misma, independientemente de que pueda también hacerlo o no al patrimonio de ésta. Recae sobre el patrimonio, ya sea en forma directa sobre las cosas que lo componen, o indirecta, como consecuencia o reflejo de un daño causado a la persona misma, en sus derechos o facultades.

Daño Patrimonial; Es el que recae sobre el patrimonio, ya sea en forma directa sobre las cosas que lo componen o indirecta como consecuencia o reflejo de un daño causado a la persona misma, en sus derechos o facultades: así, es daño material o patrimonial directo el que sufren bienes económicos destruidos o deteriorados; y daño patrimonial indirecto, por ejemplo, los gastos realizados (daño emergente) para la curación de las lesiones corporales, o las ganancias que se frustran (lucro cesante) por la incapacidad para el trabajo sobrevenida a la víctima, así será daño patrimonial y no moral, el perjuicio económico por las lesiones deformantes sufridas en el rostro por una modelo, o las lesiones en la capacidad física de un deportista profesional.

Así será el daño patrimonial y no moral, el perjuicio económico por las lesiones deformantes sufridas en el rostro por una modelo, o las lesiones en la capacidad física de un deportista profesional.

El papel de la responsabilidad civil; La importancia que está adquiriendo la responsabilidad civil dentro del campo del derecho, no sólo a nivel nacional, sino a nivel mundial y la moderna orientación del derecho que pretende fundamentar el concepto de responsabilidad en el elemento daño, variando la tendencia tradicional de manejarlo en relación con el elemento culpa del causante, ha implicado una modificación sustancial en la forma como se ha venido manejando en el derecho comparado.

Conceptos tales como responsabilidad objetiva, la solidaridad, la garantía por parte del Estado de los derechos reconocidos en las diferentes constituciones, como la vida, la integridad personal y los bienes, se unen a la tendencia mundial de favorecer o mejorar la situación procesal y jurídica de la víctima y de los perjudicados con un hecho dañoso.

Ahora la responsabilidad civil deberá alejarse de considerar a la sanción que tenga como fundamento la voluntariedad o la culpa del causante. Ahora es un conflicto económico que hace necesario definir si es el patrimonio del causante o el patrimonio del perjudicado el que debe cargar con las consecuencias dañinas y económicas del hecho. Es por ello que se habla ya de abandonar el concepto de responsabilidad civil y demos la bienvenida al derecho de daños, ya que el elemento fundamental de la acción es el daño y no la conducta del causante.

DELITOS DE PELIGRO:

En nuestra normatividad penal encontramos los delitos de resultado y delitos de peligro, en los primeros no hay mayor problemática para que se imponga una reparación civil, dado que en aquellos se exige la lesión del objeto de la acción que ha de ser un objeto material cuya lesión es imputable objetivamente a la acción del autor, es decir hablaremos que estos delitos se configurarían cuando en la realidad se pueda comprobar el menoscabo o lesión del bien jurídico protegido (el problema esta en como determinar el monto que corresponde por concepto de reparación civil). Para comprender mejor el tema pasemos a explicar los delitos de peligro, en los cuales se castiga el tan solo infringir la ley, existen dos clases de delito de peligro los abstractos y los concretos.

1. Delitos de peligro concreto:

Los delitos de peligro concreto requieren que en el caso concreto se haya producido un peligro real para un objeto protegido por el tipo respectivo. El caso más importante en la práctica es a puesta en peligro del tráfico vario en el que, además de las peligrosas formas de conducción allí descritas se requieren adicionalmente que de ese modo sean "puestas en peligro la vida o la integridad de otro o cosas ajenas de considerable valor".

Tales delitos de peligro concreto son delitos de resultado; es decir: se distinguen de los delitos de lesión acabados de tratar en lo esencial no por criterios de imputación divergentes, sino porque en lugar de un resultado lesivo aparece el resultado de peligro típico correspondiente. Por tanto, al igual que en los delitos de lesión, en primer lugar ha de haberse creado un concreto "peligro de resultado" en el sentido de un riesgo de lesión adecuado y no permitido.

Este peligro, conforme a los criterios de imputación ya desarrollados, ha de comprobarse por medio de una prognosis objetivo-posterior (por tanto *ex ante*); si falta un peligro de resultado, el hecho tampoco será imputable aunque se produzca una efectiva puesta en peligro. Si hay que afirmar el peligro de resultado, ese peligro debe haberse realizado en un resultado que suponga un "resultado de peligro concreto" y que, como también en otros casos, ha de incluir todas las circunstancias conocidas *ex post*.

2. Delitos de peligro abstracto:

Delitos de peligro abstracto son aquellos en los que se castiga una conducta típicamente peligrosa como tal, sin que en el caso concreto tenga que haberse producido un resultado de puesta en peligro. Por tanto la evitación de concretos peligrosos y lesiones es sólo el motivo del legislador, sin que su concurrencia sea requisito del tipo.

Así el incendio de un edificio, cuyo efecto de daños ya está abarcado por el artículo 305, se castiga en el artículo 306 como delito grave con una pena especialmente elevada, porque el legislador quiere prevenir los peligros por vidas humanas que pueden surgir del incendio.

Pero el tenor literal del precepto se cumple también aunque en el caso concreto estuviera excluida una amenaza para la vida. Esto puede poner a los delitos de peligro abstracto en colisión con el principio de culpabilidad. Así por ejemplo, ¿cómo se puede explicar a elevada pena del artículo 306 como provocada culpablemente si los peligros que quiere prevenir el precepto no se podían producir en absoluto? En cuanto a la solución de esa cuestión, como en general en cuanto a la penetración dogmática de los delitos de peligro abstracto, la discusión científica tampoco ha conducido aún a conclusiones reconocidas de modo general. Sin embargo, lo que ha quedado claro es que hay que distinguir diversos grupos de casos con problemas configurados de modo diferente. [7]

Hay autores, como Maurach, que no ven problema alguno al respecto si trata de tipos penales de peligro o de lesión. En efecto, señala el autor que "al igual que los delitos de lesión, los de peligro son delitos de resultado, susceptibles pues de ser cometidos por tentativa".

En cuanto a los delitos de peligro concreto, Rodríguez Mourullo refiere la distinción de Vannini, conforme a la cual, si el delito consiste en la exposición de un bien a un peligro mediante una actividad ejecutiva cualquiera, no es admisible la tentativa. Pero, sí es admisible en aquellos delitos cuya

[7] *ROXIN, Claus. Derecho Penal, Parte General. Editorial CIVITAS S.A., Primera edición, 1997. Madrid, España. Páginas: 404 y 407.*

consumación exige no solo la puesta en peligro sino también la realización de una actividad ejecutiva capaz de fraccionamiento o la verificación de un determinado y preciso efecto exterior.

Con relación a los delitos de peligro abstracto, Rodríguez Mourullo también refiere la distinción de Vannini y considera que no hay grandes dificultades en aceptar la posibilidad de tentativa en este tipo de delitos. En estos casos, a su juicio, el peligro de la tentativa no es el peligro de lesión al bien jurídicamente protegido, sino solamente "el peligro de la consumación, o sea, el peligro del agotamiento de la acción ejecutiva o de la realización del efecto exterior"[8].

NOCIÓN DE PELIGRO:

Mucho se ha discutido sobre la manera de concebir el peligro o la situación de peligro. En el lenguaje común, se entiende por peligro el "riesgo o contingencia inminente de que suceda algún mal" y por situación de peligro aquella que "aumenta la inminencia del daño". En oposición a esta percepción objetiva, se percibe el peligro como el temor que tiene la persona concernida de que se produzca el daño que lo amenaza. Estas diferencias de perspectivas también se ha dado en el ámbito del derecho penal, en el cual además existen diversas maneras de definirlo en función de la categoría jurídica aplicada (por ejemplo, imputación objetiva, tentativa).

---

[8] *LÓPEZ BARJA DE QUIROGA, Jacobo. Derecho Penal, Parte General, Tomo II. Gaceta Jurídica S.A. Primera edición, 2004. Lima – Perú. Páginas: 169 – 170 – 171.*

A partir de una concepción determinista que afirma que dadas todas las condiciones se producirá necesariamente un suceso, se ha sostenido que sólo hay lugar para la alternativa consistente en que el resultado se produce o no se produce. Las dudas de que uno de estos extremos se realice son debidas únicamente a la falta de información suficiente sobre la manera como se desarrollarán los hechos. De modo que el peligro no existe objetivamente; se trata sólo de un juicio de apreciación equivocada sobre la realidad. Así, la represión de los denominados delitos de peligro no es cuestión de dicho peligro objetivamente inexistente, sino más bien del sentimiento de seguridad tanto de las personas individuales como de la comunidad.

Esta idea ha sido retomada, de cierta manera y en otro marco conceptual, cuando se sostiene que la represión de los delitos de peligro no tiene por objeto proteger directamente bienes jurídicos, sino más bien el interés distinto y autónomo a la seguridad sobre la existencia de los mismos. El titular del bien jurídico atacado vería cuestionado su interés de tener la seguridad de poder disfrutar de éste.

Si se observa la evolución de la noción de peligro, se constata que la preferencia ha sido dada a la percepción objetiva de éste, es decir, en tanto hecho real, apreciado de acuerdo a la experiencia y sin consideración de las impresiones personales de la persona concernida. Desde esta perspectiva predominante, la manera como se explica la noción general de peligro y los diferentes problemas relativos a los delitos de este carácter se encuentra muy influenciada por la dogmática alemana, aún condicionada por los criterios establecidos por Binding. De acuerdo con su teoría sobre las normas, reste autor distinguió tres clases de infracciones: delitos de lesión relativos a las prohibiciones de lesión, delitos de peligro relacionados con las prohibiciones de peligro y delitos de desobediencia referidos a las simples prohibiciones. De ellas, sólo consideró a las dos primeras como comportamientos que afectan bienes jurídicos; opinión que se comprende si se tiene en cuenta que este autor definía al bien jurídico (concebido desde una perspectiva material) y al peligro de manera bastante restringida. En la obra de Binding, el peligro constituye siempre una agresión efectiva capaz de perturbar la existencia de los bienes jurídicos. En este sentido sólo admitió el delito de peligro, lo que le permitió delimitar mejor los delitos de desobediencia (que no perturban de verdad el bien jurídico).

Para reforzar su idea restringida de peligro, Binding requirió un criterio matemático en la medida en que, sin admitir la idea de probabilidad, concebía a éste como un conflicto de posibilidades, en el que las condiciones favorables para que se produjera el perjuicio eran más importantes que las desfavorables. Acorde con ello, el peligro era percibido como una situación objetiva producida causalmente y consistente en el estado de crisis en el que se colocaba la existencia del bien jurídico, y no como la mera posibilidad de un perjuicio futuro. De modo similar, Schröder afirma que el peligro es una situación en la cual una modificación insignificante de las circunstancias en las que desarrollado el comportamiento hubiera dado lugar, necesariamente, al daño.

Esta concepción restringida de peligro no es la más conveniente. Uno de sus aspectos discutibles es el de concebirlo como un suceso o evento considerado en sí mismo y no con relación a hechos futuros e inciertos. Al configurar los delitos de peligro, la preocupación no se refiere a lo que ya ha sucedido en cuanto tal (una colisión de vehículos o la explosión de una granada), sino más bien a lo que podía haberse producido a consecuencia de esta situación fáctica (muerte o lesión de personas, daños o cosas).

Es esta posibilidad de perturbar bienes jurídicos ajenos lo que se valora de manera negativa y, por lo tanto, la que hay que evitar. El aspecto decisivo del concepto de peligro radica entonces en la relación entre el suceso (considerado fuente de riesgos) y el mal futuro que pueda producirse. Esta relación, por lo demás, no tiene existencia autónoma, ya que depende de los factores extremos: el comportamiento y el probable perjuicio.

Asimismo, hay que considerar que, a diferencia del vínculo de causalidad, la relación referente al peligro es siempre un nexo de posibilidad y no de necesidad entre la fuente del riesgo y el mal futuro. Esta relación (valorada de manera negativa por el orden jurídico) indica que, en las circunstancias en que tiene lugar, el comportamiento puede desarrollarse en un cierto sentido y causar un perjuicio. Hay, pues, incertidumbre respecto a si el daño se producirá o no. Eso se debe a que la situación se aprecia *ex ante*, esto es, en el momento en que se presenta y de acuerdo a los limitados conocimientos que se tengan en ese instante (desconociendo, por ejemplo, algunas circunstancias porque aún no se habían verificado o porque no es posible esclarecer todas las condiciones del suceso). En el caso de la causalidad, hay que tener en cuenta, por el contrario, todos los conocimientos en el momento de proceder a su apreciación con posterioridad a los hechos.

Además, el hecho de casi identificar el peligro con el resultado (en sentido técnico) hace que deban tenerse en cuenta, al comprobarse su existencia, todos los conocimientos disponibles en el momento del suceso. Sin embargo, este procedimiento desnaturaliza la categoría de peligro puesto que de esta manera se termina constatando si se ha o no producido un daño. El peligro sería admitido sólo cuando no se pudiera explicar por qué el perjuicio, que debía producirse según los conocimientos proporcionados por la experiencia y la ciencia, no tuvo lugar en definitiva. Esto conduciría a no admitir el peligro cuando la no consumación del daño fuera puramente casual.

A nivel de la política criminal, la concepción restringida de peligro impediría que se ampliara la esfera de protección del derecho penal, pues no se comprendería a los llamados delitos de peligro abstracto. Este tipo de peligro no estaría incluido en la indicada definición, de modo que si se estimara aún indispensable reprimirlo sería necesario elaborar otra noción del mismo. Pero ello implicaría trabajar con una duplicidad de conceptos que no es compatible con la unidad del sistema dogmático.

Para superar estas dificultades se ha propuesto definir el peligro como la relación de posibilidad de la que a partir de un suceso se derive un perjuicio futuro. Al respecto, el problema radica en determinar cómo debe comprenderse el factor posibilidad: incertidumbre de que el daño se produzca. Ante todo, debe descartarse la idea de que es suficiente cualquier posibilidad para evitar caer en el exceso de que poco importa la intensidad del riesgo (por más insignificante que sea) para calificar la situación de peligrosa. Además, hay que aceptar que la posibilidad en tanto tal no puede ser graduada de mayor o menor; antes bien, sólo las condiciones que hacen o no posible el perjuicio podrán ser calificadas de más o menor cercanas física y temporalmente a la producción del percance. Se trata entonces de un juicio de valor que expresa si la posibilidad es importante y seria o, por el contrario, insignificante. Esta apreciación está condicionada por el sentimiento social y jurídico predominante en un momento determinado en una sociedad dada, por lo que no constituye un criterio invariable. Por esto, en derecho penal, la verificación científica de la probabilidad de un perjuicio no es suficiente para admitir la realidad de un peligro. Su existencia ha de ser precisada normativamente mediante el juicio de valor indicado con anterioridad.[9]

[9] HURTADO POZO, José, Manual de Derecho Penal, Parte General I. Editora Jurídica Grijley EIRL, Tercera edición, 2005. Lima – Perú. Páginas: 778 a 783.

VIII.- <u>DESARROLLO DEL TEMA EN INVESTIGACIÓN</u>

Por otro lado no todo delito genera necesariamente un daño material o moral, y en todo caso ¿es viable siempre imponer el pago de una reparación civil? En un delito que no ha provocado ningún daño o menoscabo, ¿no debiera bastar con imponer las consecuencias penales ya contempladas?

Como bien señala Prado Saldarriaga en lo referente a la reparación civil, las resoluciones judiciales muestran muchas deficiencias. Al parecer los jueces penales carecen de una adecuada aptitud técnica para fijar con razonables cuotas de acierto y equidad, las indemnizaciones que corresponden a los agraviados con la comisión de un hecho punible[10], lo que nos lleva a la conclusión que la legislación en cuanto a la reparación civil es deficiente, y al no existir parámetros por los cuales se debe determinar la reparación civil[11] como si los hay para determinar la pena en el artículo 45° y 46° del Código Penal vigente.

También cabe preguntarse ¿la responsabilidad civil derivada del delito, es parte integrante del Derecho penal? Siendo la respuesta negativa dado que la responsabilidad civil es de contenido netamente del Derecho Civil, por lo que no cabe mencionarlo como elemento del Derecho penal. Pero si la responsabilidad civil pertenece al Derecho civil ¿por que las Sentencias condenatorias expedidas siempre contienen éste elemento? Para respondernos ésta interrogante cabe hacernos algunas precisiones.

---

[10] PRADO Saldarriaga, Víctor. *Las Consecuencias Jurídicas del Delito en el Perú*. Gaceta Jurídica Lima 2001,p. 534

[11] El artículo 69° del Código Penal de 1924 establecía que "la reparación se hará valorando, entidad del daño, por medio de peritos si fuere practicable, o por el prudente arbitrio del Juez".

Al no existir, en nuestra legislación vigente, normas que en forma específica señalen como determinar los criterios de determinación de la reparación civil y asimismo si necesariamente en todos los delitos comprobados como consecuencias jurídicas debe de aplicarse y determinarse una reparación civil, vemos con gran preocupación que del análisis de diversas sentencias judiciales referentes a delitos de peligro, sobre todo en los de peligro abstracto, se ha verificado que sin ningún criterio jurídico (objetivo) los operadores judiciales, al tomar una decisión, no se han preocupado por sustentar con argumentos de hecho y de derecho este punto en concreto (faltando con ello al principio de motivación de las resoluciones judiciales contemplado en nuestra Constitución Política y en el artículo 12 de la Ley Orgánica del Poder Judicial), quedando a su criterio (subjetivo) el determinar, cuando no corresponde, una reparación de por más arbitraria.

En nuestra normatividad penal encontramos los delitos de resultado y delitos de peligro, en los primeros no hay mayor problemática para que se imponga una reparación civil, dado que en aquellos se exige la lesión del objeto de la acción que ha de ser un objeto material cuya lesión es imputable objetivamente a la acción del autor, es decir hablaremos que estos delitos se configurarían cuando en la realidad se pueda comprobar el menoscabo o lesión del bien jurídico protegido (el problema esta en como determinar el monto que corresponde por concepto de reparación civil).

Ahora, en los delitos de peligro para su configuración basta con que se ponga en peligro un bien jurídicamente protegido (se cree un riesgo) sin que se exija que exista lesión de una persona o de un objeto material por lo tanto no es exigible el pago de una reparación civil dado que no existe daño alguno que reparar; estos delitos pueden ser de peligro concreto o de peligro abstracto. En los primeros, esto es, en los **delitos de peligro concreto**, el peligro generado por la acción ha de ser adecuado y suficiente, al menos, para producir la lesión del objeto protegido, de manera que pueda constatarse en el caso concreto el peligro sobre el objeto; ha de existir, por consiguiente, un peligro que genera la posibilidad concreta de lesión de un determinado objeto.

En los casos de delito abstracto el hecho es más grave pues se viene imponiendo una reparación civil sin que el juzgador fundamente este extremo. En este tipo de delitos existe solo una amenaza de peligro del bien jurídico, **no es preciso que exista una posibilidad concreta de producir la lesión, sino que es suficiente con que se realice la acción**[12]. Por tanto, se ha vulnerado una norma jurídica, mas no un daño o perjuicio efectivo (lesión materializada que cree un menoscabo); por lo cual solo debería de imponerse una sanción no siendo posible la imposición de reparación civil.

Este punto es de suma importancia dado que se viene imponiendo una reparación civil a las personas que cometen el delito de peligro abstracto, las cuales, si bien es cierto han vulnerado una norma jurídica (lo cual conlleva necesariamente una sanción); sin embargo no debería darse una imposición de reparación civil, pues en este caso simplemente ha existido una amenaza de peligro, mas no así un daño o perjuicio efectivo.

---

[12] *Se sostiene que la represión de los delitos de peligro no tiene por objeto proteger directamente bienes jurídicos, sino más bien el interés distinto y autónomo a la seguridad sobre la existencia de los mismos. El titular del bien jurídico atacado vería cuestionado su interés de tener la seguridad de poder disfrutar de éste.* HURTADO POZO, José. *Manual de Derecho Penal. Parte General I.* 3ª edición. Lima: Editora Jurídica Grijley, 2005. 1087 pps.; p. 778.

Al determinar una reparación civil sin el más mínimo criterio, conlleva a que el sentenciado se vea afectado a fin de pagar con un daño inexistente, puesto que no se ha lesionado, ni vulnerado bien jurídico materia de protección.

El operador jurisdiccional debe partir del hecho que para poder imponer una reparación debe de existir un daño materialmente acreditado susceptible de ser valorado económicamente, la doctrina mayoritaria se inclina por considerar que nos encontramos ante una responsabilidad de naturaleza civil.[13] Más aún si tomamos en cuenta lo expresado por el artículo 101° del Código Penal

Ante un hecho delictivo se impondrá necesariamente una sanción penal y de producirse un daño material o moral en la persona del agraviado o de un tercero se impondrá una reparación del daño ello de acuerdo artículo 93° del Código Penal que señala que la reparación civil comprende la restitución del bien o si no es posible, el pago de su valor; y de ser caso el determinar una indemnización de los daños y perjuicios irrogados.

La problemática esta dada, en que si en todos los delitos necesariamente debe aplicarse una reparación civil como consecuencia propia del mismo, por ejemplo en los delitos de peligro abstracto, no existe un peligro objetivo, en este caso se reprime este hecho por haber trasgredido la normatividad, dado que su

---

[13] *BARJA DE QUIROGA. Jacobo López. Derecho Penal - Parte General- Tomo III. Gaceta Jurídica- Lima 2004, p.347.*

conducta crea un estado de inseguridad para los demás miembros de la sociedad. Entonces al determinarse que la reparación civil tiene como fin reparar o indemnizar el daño causado, es decir cuando alguien resulta perjudicado material o moralmente como consecuencia de la violación o menoscabo de un bien jurídico, no es posible aplicar una reparación civil en este tipo de delitos.

Si bien es cierto el artículo 92° del Código Penal establece que la reparación civil se determina conjuntamente con la pena, ello no implica que necesariamente deba imponerse una reparación cuando se imponga una pena, puesto que uno de los principales elementos de la responsabilidad civil es el daño, elemento que en los delitos de peligro no llega a concretarse (menos en los delitos abstractos); por que entonces si no existe daño se fija reparación civil en los delitos de peligro.

Ahora, se debe tener presente lo señalado en el inciso 2) del artículo 93 del Código Penal que nos habla que la reparación civil también comprende la indemnización de los daños y perjuicios, es oportuno que el Juez administre el punto con el Derecho Civil que regula ese ámbito, la materia y entre otros conceptos se atenderá al daño emergente lo mismo que al lucro cesante[14]. En la medida en que el hecho típico y antijurídico punible dé lugar a la producción de un daño material o moral a la víctima o a un tercero, este hecho dará lugar a la aplicación de una consecuencia Jurídica de reparación del daño, de restitución

---

[14] *VILLA STEIN, Javier. Derecho Penal, Parte General. Segunda Edición, editorial San Marcos Lima 2001,p. 534.*

del objeto de que se haya privado a su titular y, en su caso, de indemnización del perjuicio material o moral producidos; esta consecuencia es la denominada responsabilidad civil derivada del delito.

Al determinarse que el elemento principal de la reparación civil es el daño, entonces solo existiría obligación de reparar este cuando alguien resulta perjudicado como consecuencia de la violación de un deber jurídico preexistente se daña materialmente el bien jurídico protegido. Este elemento, daño, no esta presente en los delitos de peligro (o no llega a concretarse); por lo cual es importante analizar y cuestionar porqué si no hay daño se fija reparación civil en los delitos de peligro (más aún si se trata de un delito de peligro abstracto), por lo cual no existe fundamento jurídico para imponer una reparación civil.

BIBLIOGRAFÍA

1. BARJA DE QUIROGA, Jacobo López. Derecho Penal. Parte General. Tomo. I y III. Editorial Gaceta Jurídica. Primera Edición -2004. Lima-Perú.

2. BRAMONT-ARIAS TORRES, Luis Miguel. Derecho Penal Parte General. 2000. Editorial Santa Rosa.

3. CREUS, Carlos. Derecho penal. Parte Especial. Tomo 2. Sexta Edición. Argentina 1997. Editorial Astrea de Alfredo y Ricardo Desalma S.R.L.

4. CASTILLO ALVA, José Luís. Principios de Derecho Penal. Parte General. Primera Edición- Febrero 2002. Editorial Gaceta Jurídica. Lima.- Perú.

5. CASTILLO ALVA, José Luis, "Código Penal Comentado", T.I., Título Preliminar , Parte General, Editorial Gaceta Jurídica S.A., Lima-Perú, 2004.

6. CUBAS VILLANUEVA, Víctor. El proceso Penal Teoría y Práctica. Edit. Palestra Lima. 2003.

7. HURTADO POZO, José, Manual de Derecho Penal, Parte General L Editora Jurídica Grijiey EIRL. Tercera edición, 2005. Lima.

8. PEÑA CABRERA Raúl. Tratado de Derecho Penal. Volumen I. Parte General. Editorial AFA. 1988.

9. PRADO SALDARRIAGA, Víctor. Las consecuencias Jurídicas del delito en el Perú. Editorial Gaceta Jurídica S.A. 2000. Lima.

10. ROXIN, Claus. Derecho Penal, Parte General. Editorial CIVITAS S.A., Primera edición, 1997. Madrid.

11. SAN MARTÍN CASTRO, César. Derecho Procesal Penal. Segunda Edición. Volumen II. Editora Jurídica Grijiey. Lima. 1999.

12. VILLAVICENCIO, Felipe. Código Penal Comentado. Editorial Grijiey. Tercera Edición- Octubre del 2001. Lima.

13. VILLA STEIN, Javier. Derecho Penal, Parte General. Segunda Edición. Editorial San Marcos, 2001 - Lima.

14. ZAFFARONI, Eugenio Raúl, "Manual de Derecho Penal", Parte General, T. I., Ediciones Jurídicas, Lima-Perú, 1986.

INVIABILIDAD DE LA

REPARACIÓN CIVIL EN DELITOS

DE PELIGRO

AUTOR: *MIGUEL ANGEL SAAVEDRA CRUZ*
(ABOGADO, ESTUDIANTE DE LA
MAESTRÍA EN CIENCIAS PENALES DE
LA UNIVERSIDAD MAYOR DE SAN
MARCOS

I INTRODUCCION A LA PROBLEMÁTICA DE LA INVESTIGACION

En cuanto a la reparación civil hay quienes señalan que la reparación del daño material del delito no debe discutirse en la vía penal, dado que la naturaleza de ésta es civil (de responsabilidad extracontractual).

Por otro lado no todo delito genera necesariamente un daño material o moral, y en todo caso ¿es viable siempre imponer el pago de una reparación civil?. En un delito que no ha provocado ningún daño o menoscabo, ¿no debiera bastar con imponer las consecuencias penales?

Como bien señala Prado Saldarriaga en lo referente a la reparación civil, las resoluciones judiciales muestran muchas deficiencias. Al parecer los jueces penales carecen de una adecuada aptitud técnica para fijar con razonables cuotas de acierto y equidad, las indemnizaciones que corresponden a los agraviados con la comisión de un hecho punible[1] lo que nos lleva a la conclusión que la legislación en cuanto a la reparación civil es deficiente, y al no existir parámetros por los cuales se debe determinar la reparación civil[2] como si los hay para determinar la pena en el artículo 45° y 46° del Código Penal vigente.

Al no existir normas que en forma especifica señalen como determinar los criterios de determinación de la reparación civil y si necesariamente en

---

[1] PRADO Saldarriaga, Víctor. Las Consecuencias Jurídicas del Delito en el Perú. Gaceta Jurídica Lima 2001,p. 534

[2] El artículo 69° del Código Penal de 1924 establecía que "la reparación se hará valorando, entidad del daño, por medio de peritos si fuere practicable, o por el prudente arbitrio del Juez".

todos los delitos debe de aplicarse vemos con gran preocupación que del análisis de diversas sentencias judiciales referentes a delitos de peligro, sobre todo en los de peligro abstracto, se ha verificado que sin ningún criterio jurídico (objetivo) los operadores judiciales, al tomar una decisión, no se han preocupado por sustentar con argumentos de hecho y de derecho (faltando con ello al principio de motivación de las resoluciones judiciales contemplado en nuestra Constitución Política y en el artículo 12 de la Ley Orgánica del Poder Judicial, quedando a su criterio (subjetivo) el determinar, cuando no corresponde, una reparación de por más arbitraria.

Al determinar una reparación civil sin el más mínimo criterio, conlleva a que el sentenciado se vea afectado a fin de pagar con un daño inexistente, puesto que no se ha lesionado, ni vulnerado bien jurídico materia de protección.

II. JUSTIFICACIÓN DE LA INVESTIGACIÓN

En la normatividad vigente no se encuentra plasmado los lineamientos que deben de tener en cuenta los operadores jurisdiccionales para determinar el monto de reparación civil, y si en todos los delitos se debe necesariamente debe establecer una reparación civil, quedando al libre albedrío su determinación.

El operador jurisdiccional debe partir del hecho que para poder imponer una reparación debe de existir un daño materialmente acreditado susceptible de ser valorado económicamente, la doctrina mayoritaria se inclina por considerar que nos encontramos ante una responsabilidad de naturaleza civil.[3]

En nuestra normatividad penal encontramos los delitos de resultado y delitos de peligro, en los primeros no hay mayor problemática para que se imponga una reparación civil en aquellos se exige la lesión del objeto de la acción que ha de ser un objeto material cuya lesión es imputable objetivamente a la acción del autor, es decir hablaremos que estos delitos se configurarían cuando en la realidad se pueda comprobar el menoscabo o lesión del bien jurídico protegido (el problema esta en como determinar el monto que corresponde por concepto de reparación civil).

Ahora, en los delitos de peligro para su configuración basta con que se ponga en peligro un bien jurídicamente protegido (se cree un riesgo) sin que se exija que exista lesión de una persona o de un objeto material por lo tanto

---

[3] BARJA DE QUIROGA. Jacobo López. Derecho Penal - Parte General- Tomo III. Gaceta Jurídica- Lima 2004, p.347.

no es exigible el pago de una reparación civil dado que no existe daño alguno que reparar; estos delitos pueden ser de peligro concreto o de peligro abstracto. En los primeros, esto es, en los **delitos de peligro concreto,** el peligro generado por la acción ha de ser adecuado y suficiente, al menos, para producir la lesión del objeto protegido, de manera que pueda constatarse en el caso concreto el peligro sobre el objeto; ha de existir, por consiguiente, un peligro que genera la posibilidad concreta de lesión de un determinado objeto.

En los casos de delito abstracto el hecho es más grave pues se viene imponiendo una reparación civil sin que el juzgador fundamente este extremo. En este tipo de delitos existe solo una amenaza de peligro del bien jurídico, **no es preciso que exista una posibilidad concreta de producir la lesión, sino que es suficiente con que se realice la acción[4].** Por tanto, se ha vulnerado una norma jurídica, mas no un daño o perjuicio efectivo (lesión materializada que cree un menoscabo); por lo cual solo debería de imponerse una sanción no siendo posible la imposición de reparación civil.

Este punto es de suma importancia dado que se viene imponiendo una reparación civil a las personas que cometen el delito de peligro abstracto, las cuales, si bien es cierto han vulnerado una norma jurídica (lo cual conlleva necesariamente una sanción); sin embargo no debería darse una imposición de reparación civil, pues en este caso simplemente ha existido una amenaza de peligro, mas no así un daño o perjuicio efectivo.

---

[4] *Se sostiene que la represión de los delitos de peligro no tiene por objeto proteger directamente bienes jurídicos, sino más bien el interés distinto y autónomo a la seguridad sobre la existencia de los mismos. El titular del bien jurídico atacado vería cuestionado su interés de tener la seguridad de poder disfrutar de éste. HURTADO POZO, José. Manual de Derecho Penal. Parte General I. 3ª edición. Lima: Editora Jurídica Grijley, 2005. 1087 pp.; p. 778.*

III. PROBLEMA

PROBLEMA PRINCIPAL

- ¿Cuál es la Justificación jurídica para determinar la aplicación de una reparación civil en los delitos de peligro al no existir daño material, ni moral como efectos de los mismos?

PROBLEMAS SECUNDARIOS

- ¿Cuál es el fundamento jurídico utilizado por los operadores jurisdiccionales para determinar la existencia de una reparación civil?

- ¿Basta el criterio de conciencia para determinar la existencia y el monto de una responsabilidad civil?

IV.   DESCRIPCIÓN EMPÍRICA DEL PROBLEMA

Ante un hecho delictivo se impondrá necesariamente una sanción penal y de producirse un daño material o moral en la persona del agraviado o de un tercero se impondrá una reparación del daño ello de acuerdo artículo 93° del Código Penal que señala que la reparación civil comprende la restitución del bien o si no es posible, el pago de su valor; y de ser caso el determinar una indemnización de los daños y perjuicios irrogados.

La problemática esta dada, en que si en todos los delitos necesariamente debe aplicarse una reparación civil como consecuencia propia del mismo, por ejemplo en los delitos de peligro abstracto, no existe un peligro objetivo, en este caso se reprime este hecho por haber trasgredido la normatividad, dado que su conducta crea un estado de inseguridad para los demás miembros de la sociedad. Entonces al determinarse que la reparación civil tiene como fin reparar o indemnizar el daño causado, es decir cuando alguien resulta perjudicado material o moralmente como consecuencia de la violación o menoscabo de un bien jurídico, no es posible aplicar una reparación civil en este tipo de delitos.

Si bien es cierto el artículo 92° del Código Penal establece que la reparación civil se determina conjuntamente con la pena, ello no implica que necesariamente deba imponerse una reparación cuando se imponga una pena, puesto que uno de los principales elementos de la responsabilidad civil es el daño, elemento que en los delitos de peligro no llega a concretarse (menos en los delitos abstractos); por que entonces si no existe daño se fija reparación civil en los delitos de peligro.

Ahora, se debe tener presente lo señalado en el inciso 2) del artículo 93 del Código Penal que nos habla que la reparación civil también comprende la indemnización de los daños y perjuicios, es oportuno que el Juez administre el punto con el Derecho Civil que regula ese ámbito, la materia y entre otros conceptos se atenderá al daño emergente lo mismo que al lucro cesante[5]. En la medida en que el hecho típico y antijurídico punible dé lugar a la producción de un daño material o moral a la víctima o a un tercero, este hecho dará lugar a la aplicación de una consecuencia Jurídica de reparación del daño, de restitución del objeto de que se haya privado a su titular y, en su caso, de indemnización del perjuicio material o moral producidos; esta consecuencia es la denominada responsabilidad civil derivada del delito.

Al determinarse que el elemento principal de la reparación civil es el daño, entonces solo existiría obligación de reparar este cuando alguien resulta perjudicado como consecuencia de la violación de un deber jurídico preexistente se daña materialmente el bien jurídico protegido. Este elemento, daño, no esta presente en los delitos de peligro (o no llega a concretarse); por lo cual es importante analizar y cuestionar porqué si no hay daño se fija reparación civil en los delitos de peligro (más aún si se trata de un delito de peligro abstracto), por lo cual no existe fundamento jurídico para imponer una reparación civil.

---

[5] *VILLA STEIN, Javier. Derecho Penal, Parte General. Segunda Edición, editorial San Marcos Lima 2001,p. 534.*

V HIPÓTESIS

HIPÓTESIS: No existe sustento jurídico para la imposición de una reparación civil en los delitos de peligro abstracto, por tanto no es viable su aplicación.

VI. OBJETIVOS

Objetivo Principal

Determinar si es viable la imposición de la reparación civil en delitos de peligro.

Objetivos Específicos

Determinar si son aplicables a la reparación civil los mismos presupuestos de la responsabilidad civil extracontractual, a fin de precisar la importancia del daño.

Establecer que alternativas podrían suplir o remplazar la imposición de una reparación civil en los delitos de peligro.

VII. DESARROLLO DEL MARCO TEORICO

GENERALIDADES SOBRE LA REPARACIÓN CIVIL:

En épocas histórico-jurídicas anteriores (siglo XIX) constituía una tarea esencial del Derecho penal proporcionar al perjudicado un resarcimiento por los perjuicios causados como efectos propios del delito, la moderna evolución jurídica rompió el lazo entre delincuente y víctima, convirtiendo al Derecho penal en una disciplina del Derecho público que se ocupa de la relación del Estado con el agente comisor de un ilícito, de modo que la víctima queda relegada muchas veces, aparece en el proceso penal como testigo; y por otro lado, las relaciones entre inculpado y víctima se dan en razón de las pretensiones indemnizatorias. En cuanto a la reparación civil hay quienes señalan que la reparación del daño material del delito no debe discutirse en la vía penal, dado que la naturaleza de ésta es civil (de responsabilidad extracontractual).

En la actualidad con las modernas teorías funcionalistas, en el ámbito de la política criminal y del sistema penal, la víctima es entendida como objeto de protección jurídica tanto en la búsqueda de su satisfacción moral o económica, como en la forma de concluir con esa satisfacción a una manera de mantener la paz social. Por lo que es estudiada de manera autónoma por la victimología o más propiamente por la victimodogmática.

El delito puede generar un derecho de resarcimiento o indemnización para la víctima; esta consecuencia jurídica que surge por el daño y perjuicios generados al agraviado y que es totalmente distinta de la sanción penal (pena o medida de seguridad, o en su caso a consecuencia accesoria aplicable a personas jurídicas).

CONCEPTO DE REPARACIÓN:

Como sostiene Larrauri Piojan, el concepto de reparación posee una acepción amplia que permite abarcar varias opciones semánticas. Entre ellas destacan, sobre todo, las que se identifican con "aquellas medidas que realiza el infractor de contenido simbólico (presentación de disculpas) económico (restitutorio, compensatorio o indemnizatorio) o material (prestación de un servicio) a favor de la víctima (individual o colectiva)"

En un sentido amplio, se debe entender como reparar el mal causado por el delito comprendería la pena y la responsabilidad civil; la primera adquiere el significado de una reparación simbólica entre la víctima y la sociedad, y la segunda se dirige directamente a la indemnización de los daños causados efectivamente a la víctima, como efecto jurídicamente obligado derivado del delito.

Siempre se ha entendido como el fundamento de la reparación la condición de ilícito que acompaña y caracteriza al hecho punible. En la doctrina contemporánea se debate arduamente en función a la naturaleza jurídica de la reparación. Así por ejemplo, Roxin niega que la reparación sea una forma de pena. Sin embargo, admite, que ella puede considerarse "como sanción autónoma, como tercera respuesta (tercera vía) posible al delito junto a la pena y a la medida, a las que puede moderar, pero también, en su caso sustituir".

La mayoría de los penalistas esta de acuerdo que la reparación no opera correctamente como función preventivo general negativa, ya que al parecer no intimida; por el contrario puede generar efectos disfuncionales a la vista de que no todos pueden ser disuadidos con el efecto de la reparación. SILVA considera que la reparación tiene la función preventivo general positiva o integradora y la especial, como criterio de resocializar a través de la responsabilidad por el hecho, y con la primera, señala que la reparación puede expresar, ciertamente, en determinados casos, el reconocimiento y consiguiente estabilización de la norma vulnerada suficientes para producir el efecto de confianza de la colectividad en el funcionamiento del ordenamiento jurídico.

ROXIN considera que la reparación constituye una tercera vía, pero esta tercera vía, consiste en una prevención general positiva o de integración, siendo una forma de aquella, en vista al efecto de satisfacción que se alcanza cuando la comunidad percibe que se ha eliminado la perturbación social ocasionada por el delito. Considera que este aspecto, como la restauración de la paz jurídica, le corresponde a la reparación una tarea que ni la pena y la medida de seguridad pueden cumplir de igual forma. Ello es así porque con el castigo del delincuente la perturbación social que ha ocasionado no desaparece, en modo alguno, mientras que persista el perjuicio de la víctima. Agrega que sólo cuando ésta haya sido respuesta en sus derechos dentro de lo posible, dirán ella misma y la comunidad que el conflicto social ha sido resuelto correctamente y que el delito puede considerarse como eliminado.

Somos testigos que la aplicación de consecuencias de naturaleza civil (reparación civil) al autor de un hecho punible, ha sido una constante en el proceso de evolución del Derecho Penal peruano. En efecto, siguiendo al modelo español nuestros códigos penales han incluido siempre disposiciones destinadas a regular el resarcimiento de la víctima del delito.

Actualmente la reparación civil en el Código Penal de 1991 se encuentra regulada en el Título IV, desde al artículo 92° al 101°.

CONCEPTO DE VÍCTIMA:

Como bien sabemos de un mismo hecho criminal pueden resultar varias personas afectadas. Algunos, pueden además ser objetos de la acción, sujetos pasivos o perjudicados simultáneamente. Esta conjunción de figuras penales se encuentra con mayor afluencia en los delitos contra la persona, como por ejemplo en el delito de lesiones, en donde la víctima es tanto el objeto material del delito como el sujeto pasivo y el perjudicado a la vez.

Entonces debe entenderse como víctima a aquel que ostenta el derecho que es inherente al bien jurídico penalmente protegido, que ha sido dañado o puesto en peligro. En cambio el sujeto pasivo siempre es el titular del bien jurídico protegido. Con un ejemplo aclaramos este panorama. En el delito de hurto a una señorita que lleva consigo una cartera de alto valor, que es de propiedad de su hermana. La víctima, es la señorita a la que se le ha hurtado la cartera. El sujeto pasivo de dicho delito es la hermana, quien es la propietaria del bien jurídico patrimonio, quien a su vez es la perjudicada económica de ese hecho.

En términos generales el perjudicado, es aquel sujeto que se ve afectado con el delito, pero que no es titular del bien jurídico lesionado o puesto en peligro. Por ejemplo, aquel que presta su automóvil a un amigo X, que se lesiona gravemente a consecuencia de un choque con otro vehículo, en este caso el primero es el perjudicado   por   los   daños   a   su   propiedad

Como bien anota MIR PUIG[6], haciendo referencia a ANTOLISEI "sujeto pasivo es el titular del interés cuya ofensa constituye esencia del delito. Agrega que

---

[6] *MIR PUIG, Santiago, Derecho penal, Parte general, Barcelona, 1998, p. 198.*

según esto "el sujeto pasivo no coincide necesariamente con el sujeto sobre el que recae físicamente la acción, ni con el perjudicado".

En algunos casos no es tan sencillo hacer esta diferenciación, ya que el concepto de víctima puede llegar hasta grados muy amplios; porque tan víctima puede ser una persona individual o un ente colectivo.

Se dice que en todo delito, a parte del individuo que es afectado directamente, también la sociedad es víctima. Por ejemplo, en los delitos contra el medio ambiente. Y hasta en el homicidio, en donde no sólo al afectar un bien jurídico individual, vida, se esta también afectando a la sociedad en sí, ya que dicho sujeto es parte de la misma. Pero se debe ser restrictivo en la utilización del concepto víctima.

NOCIÓN DE DAÑO:

La noción de daño, tanto en la Doctrina como en la jurisprudencia, corresponde tanto al **detrimento, pérdida o menoscabo que puedan afectar a una persona en sí misma, como a los que puedan comprometer su patrimonio.**

Entender como daño al menoscabo a un bien, implica dar un concepto demasiado amplio y general que le resta trascendencia. Para salvar el concepto, **debemos relacionar el menoscabo con el derecho, para así precisarlo.**

A la idea del menoscabo a un bien debe agregársele la de que sea producido en violación a una norma jurídica (antijuridicidad), y la de hacer nacer la responsabilidad de la persona.

Esta idea de lesión, aunque ampliada, no es completa: produce un efecto multiplicador en relación a la cantidad de bienes lesionados: físico-patrimonial-espiritual-psíquico-estético-lucro cesante-emergente-privación de uso en sí mismo, etcétera. **Y también decir que daño es la lesión a un bien o derecho subjetivo, es erróneo, porque es algo difuso, ya que encontramos derechos subjetivos que no dan al resarcimiento, pues son sólo interés de hecho.**

Es por ello que cabe aquí decir que el DAÑO será toda lesión a un interés legítimo.

Extra-Patrimonial; (DAÑO MORAL). La asignación de daño extrapatrimonial, sirve para designar los casos en que el daño afecta a la persona en sí misma, independientemente de que pueda también hacerlo o no al patrimonio de ésta. Recae sobre el patrimonio, ya sea en forma directa sobre las cosas que lo componen, o indirecta, como consecuencia o reflejo de un daño causado a la persona misma, en sus derechos o facultades.

Daño Patrimonial; Es el que recae sobre el patrimonio, ya sea en forma directa sobre las cosas que lo componen o indirecta como consecuencia o reflejo de un daño causado a la persona misma, en sus derechos o facultades: así, es daño material o patrimonial directo el que sufren bienes económicos destruidos o deteriorados; y daño patrimonial indirecto, por ejemplo, los gastos realizados (daño emergente) para la curación de las lesiones corporales, o las ganancias que se frustran (lucro cesante) por la incapacidad para el trabajo sobrevenida a la víctima, así será daño patrimonial y no moral, el perjuicio económico por las lesiones deformantes sufridas en el rostro por una modelo, o las lesiones en la capacidad física de un deportista profesional.

Así será el daño patrimonial y no moral, el perjuicio económico por las lesiones deformantes sufridas en el rostro por una modelo, o las lesiones en la capacidad física de un deportista profesional.

El papel de la responsabilidad civil; La importancia que está adquiriendo la responsabilidad civil dentro del campo del derecho, no sólo a nivel nacional, sino a nivel mundial y la moderna orientación del derecho que pretende fundamentar el concepto de responsabilidad en el elemento daño, variando la tendencia tradicional de manejarlo en relación con el elemento culpa del causante, ha implicado una modificación sustancial en la forma como se ha venido manejando en el derecho comparado.

Conceptos tales como responsabilidad objetiva, la solidaridad, la garantía por parte del Estado de los derechos reconocidos en las diferentes constituciones, como la vida, la integridad personal y los bienes, se unen a la tendencia mundial de favorecer o mejorar la situación procesal y jurídica de la víctima y de los perjudicados con un hecho dañoso.

Ahora la responsabilidad civil deberá alejarse de considerar a la sanción que tenga como fundamento la voluntariedad o la culpa del causante. Ahora es un conflicto económico que hace necesario definir si es el patrimonio del causante o el patrimonio del perjudicado el que debe cargar con las consecuencias dañinas y económicas del hecho. Es por ello que se habla ya de abandonar el concepto de responsabilidad civil y demos la bienvenida al derecho de daños, ya que el elemento fundamental de la acción es el daño y no la conducta del causante.

DELITOS DE PELIGRO:

En nuestra normatividad penal encontramos los delitos de resultado y delitos de peligro, en los primeros no hay mayor problemática para que se imponga una reparación civil, dado que en aquellos se exige la lesión del objeto de la acción que ha de ser un objeto material cuya lesión es imputable objetivamente a la acción del autor, es decir hablaremos que estos delitos se configurarían cuando en la realidad se pueda comprobar el menoscabo o lesión del bien jurídico protegido (el problema esta en como determinar el monto que corresponde por concepto de reparación civil). Para comprender mejor el tema pasemos a explicar los delitos de peligro, en los cuales se castiga el tan solo infringir la ley, existen dos clases de delito de peligro los abstractos y los concretos.

1. Delitos de peligro concreto:

Los delitos de peligro concreto requieren que en el caso concreto se haya producido un peligro real para un objeto protegido por el tipo respectivo. El caso más importante en la práctica es a puesta en peligro del tráfico vario en el que, además de las peligrosas formas de conducción allí descritas se requieren adicionalmente que de ese modo sean "puestas en peligro la vida o la integridad de otro o cosas ajenas de considerable valor".

Tales delitos de peligro concreto son delitos de resultado; es decir: se distinguen de los delitos de lesión acabados de tratar en lo esencial no por criterios de imputación divergentes, sino porque en lugar de un resultado lesivo aparece el resultado de peligro típico correspondiente. Por tanto, al igual que en los delitos de lesión, en primer lugar ha de haberse creado un concreto "peligro de resultado" en el sentido de un riesgo de lesión adecuado y no permitido.

Este peligro, conforme a los criterios de imputación ya desarrollados, ha de comprobarse por medio de una prognosis objetivo-posterior (por tanto *ex ante*); si falta un peligro de resultado, el hecho tampoco será imputable aunque se produzca una efectiva puesta en peligro. Si hay que afirmar el peligro de resultado, ese peligro debe haberse realizado en un resultado que suponga un "resultado de peligro concreto" y que, como también en otros casos, ha de incluir todas las circunstancias conocidas *ex post*.

2. Delitos de peligro abstracto:
Delitos de peligro abstracto son aquellos en los que se castiga una conducta típicamente peligrosa como tal, sin que en el caso concreto tenga que haberse producido un resultado de puesta en peligro. Por tanto la evitación de concretos peligrosos y lesiones es sólo el motivo del legislador, sin que su concurrencia sea requisito del tipo.

Así el incendio de un edificio, cuyo efecto de daños ya está abarcado por el artículo 305, se castiga en el artículo 306 como delito grave con una pena especialmente elevada, porque el legislador quiere prevenir los peligros por vidas humanas que pueden surgir del incendio.

Pero el tenor literal del precepto se cumple también aunque en el caso concreto estuviera excluida una amenaza para la vida. Esto puede poner a los delitos de peligro abstracto en colisión con el principio de culpabilidad. Así por ejemplo, ¿cómo se puede explicar a elevada pena del artículo 306 como provocada culpablemente si los peligros que quiere prevenir el precepto no se podían producir en absoluto? En cuanto a la solución de esa cuestión, como en general en cuanto a la penetración dogmática de los delitos de peligro abstracto, la discusión científica tampoco ha conducido aún a conclusiones reconocidas de modo general. Sin embargo, lo que ha quedado claro es que hay que distinguir diversos grupos de casos con problemas configurados de modo diferente. [7]

Hay autores, como Maurach, que no ven problema alguno al respecto si trata de tipos penales de peligro o de lesión. En efecto, señala el autor que "al igual que los delitos de lesión, los de peligro son delitos de resultado, susceptibles pues de ser cometidos por tentativa".

En cuanto a los delitos de peligro concreto, Rodríguez Mourullo refiere la distinción de Vannini, conforme a la cual, si el delito consiste en la exposición de un bien a un peligro mediante una actividad ejecutiva cualquiera, no es admisible la tentativa. Pero, sí es admisible en aquellos delitos cuya

---

[7] *ROXIN, Claus. Derecho Penal, Parte General. Editorial CIVITAS S.A., Primera edición, 1997. Madrid, España. Páginas: 404 y 407.*

consumación exige no solo la puesta en peligro sino también la realización de una actividad ejecutiva capaz de fraccionamiento o la verificación de un determinado y preciso efecto exterior.

Con relación a los delitos de peligro abstracto, Rodríguez Mourullo también refiere la distinción de Vannini y considera que no hay grandes dificultades en aceptar la posibilidad de tentativa en este tipo de delitos. En estos casos, a su juicio, el peligro de la tentativa no es el peligro de lesión al bien jurídicamente protegido, sino solamente "el peligro de la consumación, o sea, el peligro del agotamiento de la acción ejecutiva o de la realización del efecto exterior"[8].

NOCIÓN DE PELIGRO:

Mucho se ha discutido sobre la manera de concebir el peligro o la situación de peligro. En el lenguaje común, se entiende por peligro el "riesgo o contingencia inminente de que suceda algún mal" y por situación de peligro aquella que "aumenta la inminencia del daño". En oposición a esta percepción objetiva, se percibe el peligro como el temor que tiene la persona concernida de que se produzca el daño que lo amenaza. Estas diferencias de perspectivas también se ha dado en el ámbito del derecho penal, en el cual además existen diversas maneras de definirlo en función de la categoría jurídica aplicada (por ejemplo, imputación objetiva, tentativa).

---

[8] LÓPEZ BARJA DE QUIROGA, Jacobo. Derecho Penal, Parte General, Tomo II. Gaceta Jurídica S.A. Primera edición, 2004. Lima – Perú. Páginas: 169 – 170 – 171.

A partir de una concepción determinista que afirma que dadas todas las condiciones se producirá necesariamente un suceso, se ha sostenido que sólo hay lugar para la alternativa consistente en que el resultado se produce o no se produce. Las dudas de que uno de estos extremos se realice son debidas únicamente a la falta de información suficiente sobre la manera como se desarrollarán los hechos. De modo que el peligro no existe objetivamente; se trata sólo de un juicio de apreciación equivocada sobre la realidad. Así, la represión de los denominados delitos de peligro no es cuestión de dicho peligro objetivamente inexistente, sino más bien del sentimiento de seguridad tanto de las personas individuales como de la comunidad.

Esta idea ha sido retomada, de cierta manera y en otro marco conceptual, cuando se sostiene que la represión de los delitos de peligro no tiene por objeto proteger directamente bienes jurídicos, sino más bien el interés distinto y autónomo a la seguridad sobre la existencia de los mismos. El titular del bien jurídico atacado vería cuestionado su interés de tener la seguridad de poder disfrutar de éste.

Si se observa la evolución de la noción de peligro, se constata que la preferencia ha sido dada a la percepción objetiva de éste, es decir, en tanto hecho real, apreciado de acuerdo a la experiencia y sin consideración de las impresiones personales de la persona concernida. Desde esta perspectiva predominante, la manera como se explica la noción general de peligro y los diferentes problemas relativos a los delitos de este carácter se encuentra muy influenciada por la dogmática alemana, aún condicionada por los criterios establecidos por Binding. De acuerdo con su teoría sobre las normas, reste autor distinguió tres clases de infracciones: delitos de lesión relativos a las prohibiciones de lesión, delitos de peligro relacionados con las prohibiciones de peligro y delitos de desobediencia referidos a las simples prohibiciones. De ellas, sólo consideró a las dos primeras como comportamientos que afectan bienes jurídicos; opinión que se comprende si se tiene en cuenta que este autor definía al bien jurídico (concebido desde una perspectiva material) y al peligro de manera bastante restringida. En la obra de Binding, el peligro constituye siempre una agresión efectiva capaz de perturbar la existencia de los bienes jurídicos. En este sentido sólo admitió el delito de peligro, lo que le permitió delimitar mejor los delitos de desobediencia (que no perturban de verdad el bien jurídico).

Para reforzar su idea restringida de peligro, Binding requirió un criterio matemático en la medida en que, sin admitir la idea de probabilidad, concebía a éste como un conflicto de posibilidades, en el que las condiciones favorables para que se produjera el perjuicio eran más importantes que las desfavorables. Acorde con ello, el peligro era percibido como una situación objetiva producida causalmente y consistente en el estado de crisis en el que se colocaba la existencia del bien jurídico, y no como la mera posibilidad de un perjuicio futuro. De modo similar, Schröder afirma que el peligro es una situación en la cual una modificación insignificante de las circunstancias en las que desarrollado el comportamiento hubiera dado lugar, necesariamente, al daño.

Esta concepción restringida de peligro no es la más conveniente. Uno de sus aspectos discutibles es el de concebirlo como un suceso o evento considerado en sí mismo y no con relación a hechos futuros e inciertos. Al configurar los delitos de peligro, la preocupación no se refiere a lo que ya ha sucedido en cuanto tal (una colisión de vehículos o la explosión de una granada), sino más bien a lo que podía haberse producido a consecuencia de esta situación fáctica (muerte o lesión de personas, daños o cosas).

Es esta posibilidad de perturbar bienes jurídicos ajenos lo que se valora de manera negativa y, por lo tanto, la que hay que evitar. El aspecto decisivo del concepto de peligro radica entonces en la relación entre el suceso (considerado fuente de riesgos) y el mal futuro que pueda producirse. Esta relación, por lo demás, no tiene existencia autónoma, ya que depende de los factores extremos: el comportamiento y el probable perjuicio.

Asimismo, hay que considerar que, a diferencia del vínculo de causalidad, la relación referente al peligro es siempre un nexo de posibilidad y no de necesidad entre la fuente del riesgo y el mal futuro. Esta relación (valorada de manera negativa por el orden jurídico) indica que, en las circunstancias en que tiene lugar, el comportamiento puede desarrollarse en un cierto sentido y causar un perjuicio. Hay, pues, incertidumbre respecto a si el daño se producirá o no. Eso se debe a que la situación se aprecia *ex ante*, esto es, en el momento en que se presenta y de acuerdo a los limitados conocimientos que se tengan en ese instante (desconociendo, por ejemplo, algunas circunstancias porque aún no se habían verificado o porque no es posible esclarecer todas las condiciones del suceso). En el caso de la causalidad, hay que tener en cuenta, por el contrario, todos los conocimientos en el momento de proceder a su apreciación con posterioridad a los hechos.

Además, el hecho de casi identificar el peligro con el resultado (en sentido técnico) hace que deban tenerse en cuenta, al comprobarse su existencia, todos los conocimientos disponibles en el momento del suceso. Sin embargo, este procedimiento desnaturaliza la categoría de peligro puesto que de esta manera se termina constatando si se ha o no producido un daño. El peligro sería admitido sólo cuando no se pudiera explicar por qué el perjuicio, que debía producirse según los conocimientos proporcionados por la experiencia y la ciencia, no tuvo lugar en definitiva. Esto conduciría a no admitir el peligro cuando la no consumación del daño fuera puramente casual.

A nivel de la política criminal, la concepción restringida de peligro impediría que se ampliara la esfera de protección del derecho penal, pues no se comprendería a los llamados delitos de peligro abstracto. Este tipo de peligro no estaría incluido en la indicada definición, de modo que si se estimara aún indispensable reprimirlo sería necesario elaborar otra noción del mismo. Pero ello implicaría trabajar con una duplicidad de conceptos que no es compatible con la unidad del sistema dogmático.

Para superar estas dificultades se ha propuesto definir el peligro como la relación de posibilidad de la que a partir de un suceso se derive un perjuicio futuro. Al respecto, el problema radica en determinar cómo debe comprenderse el factor posibilidad: incertidumbre de que el daño se produzca. Ante todo, debe descartarse la idea de que es suficiente cualquier posibilidad para evitar caer en el exceso de que poco importa la intensidad del riesgo (por más insignificante que sea) para calificar la situación de peligrosa. Además, hay que aceptar que la posibilidad en tanto tal no puede ser graduada de mayor o menor; antes bien, sólo las condiciones que hacen o no posible el perjuicio podrán ser calificadas de más o menor cercanas física y temporalmente a la producción del percance. Se trata entonces de un juicio de valor que expresa si la posibilidad es importante y seria o, por el contrario, insignificante. Esta apreciación está condicionada por el sentimiento social y jurídico predominante en un momento determinado en una sociedad dada, por lo que no constituye un criterio invariable. Por esto, en derecho penal, la verificación científica de la probabilidad de un perjuicio no es suficiente para admitir la realidad de un peligro. Su existencia ha de ser precisada normativamente mediante el juicio de valor indicado con anterioridad.[9]

[9] HURTADO POZO, José, Manual de Derecho Penal, Parte General I. Editora Jurídica Grijley EIRL, Tercera edición, 2005. Lima – Perú. Páginas: 778 a 783.

VIII.- <u>DESARROLLO DEL TEMA EN INVESTIGACIÓN</u>

Por otro lado no todo delito genera necesariamente un daño material o moral, y en todo caso ¿es viable siempre imponer el pago de una reparación civil? En un delito que no ha provocado ningún daño o menoscabo, ¿no debiera bastar con imponer las consecuencias penales ya contempladas?

Como bien señala Prado Saldarriaga en lo referente a la reparación civil, las resoluciones judiciales muestran muchas deficiencias. Al parecer los jueces penales carecen de una adecuada aptitud técnica para fijar con razonables cuotas de acierto y equidad, las indemnizaciones que corresponden a los agraviados con la comisión de un hecho punible[10], lo que nos lleva a la conclusión que la legislación en cuanto a la reparación civil es deficiente, y al no existir parámetros por los cuales se debe determinar la reparación civil[11] como si los hay para determinar la pena en el artículo 45° y 46° del Código Penal vigente.

También cabe preguntarse ¿la responsabilidad civil derivada del delito, es parte integrante del Derecho penal? Siendo la respuesta negativa dado que la responsabilidad civil es de contenido netamente del Derecho Civil, por lo que no cabe mencionarlo como elemento del Derecho penal. Pero si la responsabilidad civil pertenece al Derecho civil ¿por que las Sentencias condenatorias expedidas siempre contienen éste elemento? Para respondernos ésta interrogante cabe hacernos algunas precisiones.

---

[10] PRADO Saldarriaga, Víctor. Las Consecuencias Jurídicas del Delito en el Perú. Gaceta Jurídica Lima 2001,p. 534

[11] El artículo 69° del Código Penal de 1924 establecía que "la reparación se hará valorando, entidad del daño, por medio de peritos si fuere practicable, o por el prudente arbitrio del Juez".

Al no existir, en nuestra legislación vigente, normas que en forma específica señalen como determinar los criterios de determinación de la reparación civil y asimismo si necesariamente en todos los delitos comprobados como consecuencias jurídicas debe de aplicarse y determinarse una reparación civil, vemos con gran preocupación que del análisis de diversas sentencias judiciales referentes a delitos de peligro, sobre todo en los de peligro abstracto, se ha verificado que sin ningún criterio jurídico (objetivo) los operadores judiciales, al tomar una decisión, no se han preocupado por sustentar con argumentos de hecho y de derecho este punto en concreto (faltando con ello al principio de motivación de las resoluciones judiciales contemplado en nuestra Constitución Política y en el artículo 12 de la Ley Orgánica del Poder Judicial), quedando a su criterio (subjetivo) el determinar, cuando no corresponde, una reparación de por más arbitraria.

En nuestra normatividad penal encontramos los delitos de resultado y delitos de peligro, en los primeros no hay mayor problemática para que se imponga una reparación civil, dado que en aquellos se exige la lesión del objeto de la acción que ha de ser un objeto material cuya lesión es imputable objetivamente a la acción del autor, es decir hablaremos que estos delitos se configurarían cuando en la realidad se pueda comprobar el menoscabo o lesión del bien jurídico protegido (el problema esta en como determinar el monto que corresponde por concepto de reparación civil).

Ahora, en los delitos de peligro para su configuración basta con que se ponga en peligro un bien jurídicamente protegido (se cree un riesgo) sin que se exija que exista lesión de una persona o de un objeto material por lo tanto no es exigible el pago de una reparación civil dado que no existe daño alguno que reparar; estos delitos pueden ser de peligro concreto o de peligro abstracto. En los primeros, esto es, en los **delitos de peligro concreto,** el peligro generado por la acción ha de ser adecuado y suficiente, al menos, para producir la lesión del objeto protegido, de manera que pueda constatarse en el caso concreto el peligro sobre el objeto; ha de existir, por consiguiente, un peligro que genera la posibilidad concreta de lesión de un determinado objeto.

En los casos de delito abstracto el hecho es más grave pues se viene imponiendo una reparación civil sin que el juzgador fundamente este extremo. En este tipo de delitos existe solo una amenaza de peligro del bien jurídico, **no es preciso que exista una posibilidad concreta de producir la lesión, sino que es suficiente con que** se **realice la acción**[12]. Por tanto, se ha vulnerado una norma jurídica, mas no un daño o perjuicio efectivo (lesión materializada que cree un menoscabo); por lo cual solo debería de imponerse una sanción no siendo posible la imposición de reparación civil.

Este punto es de suma importancia dado que se viene imponiendo una reparación civil a las personas que cometen el delito de peligro abstracto, las cuales, si bien es cierto han vulnerado una norma jurídica (lo cual conlleva necesariamente una sanción); sin embargo no debería darse una imposición de reparación civil, pues en este caso simplemente ha existido una amenaza de peligro, mas no así un daño o perjuicio efectivo.

---

[12] *Se sostiene que la represión de los delitos de peligro no tiene por objeto proteger directamente bienes jurídicos, sino más bien el interés distinto y autónomo a la seguridad sobre la existencia de los mismos. El titular del bien jurídico atacado vería cuestionado su interés de tener la seguridad de poder disfrutar de éste. HURTADO POZO, José. Manual de Derecho Penal. Parte General I. 3ª edición. Lima: Editora Jurídica Grijley, 2005. 1087 pp.; p. 778.*

Al determinar una reparación civil sin el más mínimo criterio, conlleva a que el sentenciado se vea afectado a fin de pagar con un daño inexistente, puesto que no se ha lesionado, ni vulnerado bien jurídico materia de protección.

El operador jurisdiccional debe partir del hecho que para poder imponer una reparación debe de existir un daño materialmente acreditado susceptible de ser valorado económicamente, la doctrina mayoritaria se inclina por considerar que nos encontramos ante una responsabilidad de naturaleza civil.[13] Más aún si tomamos en cuenta lo expresado por el artículo 101° del Código Penal

Ante un hecho delictivo se impondrá necesariamente una sanción penal y de producirse un daño material o moral en la persona del agraviado o de un tercero se impondrá una reparación del daño ello de acuerdo artículo 93° del Código Penal que señala que la reparación civil comprende la restitución del bien o si no es posible, el pago de su valor; y de ser caso el determinar una indemnización de los daños y perjuicios irrogados.

La problemática esta dada, en que si en todos los delitos necesariamente debe aplicarse una reparación civil como consecuencia propia del mismo, por ejemplo en los delitos de peligro abstracto, no existe un peligro objetivo, en este caso se reprime este hecho por haber trasgredido la normatividad, dado que su

---

[13] *BARJA DE QUIROGA. Jacobo López. Derecho Penal - Parte General· Tomo III. Gaceta Jurídica· Lima 2004, p.347.*

conducta crea un estado de inseguridad para los demás miembros de la sociedad. Entonces al determinarse que la reparación civil tiene como fin reparar o indemnizar el daño causado, es decir cuando alguien resulta perjudicado material o moralmente como consecuencia de la violación o menoscabo de un bien jurídico, no es posible aplicar una reparación civil en este tipo de delitos.

Si bien es cierto el artículo 92° del Código Penal establece que la reparación civil se determina conjuntamente con la pena, ello no implica que necesariamente deba imponerse una reparación cuando se imponga una pena, puesto que uno de los principales elementos de la responsabilidad civil es el daño, elemento que en los delitos de peligro no llega a concretarse (menos en los delitos abstractos); por que entonces si no existe daño se fija reparación civil en los delitos de peligro.

Ahora, se debe tener presente lo señalado en el inciso 2) del artículo 93 del Código Penal que nos habla que la reparación civil también comprende la indemnización de los daños y perjuicios, es oportuno que el Juez administre el punto con el Derecho Civil que regula ese ámbito, la materia y entre otros conceptos se atenderá al daño emergente lo mismo que al lucro cesante[14]. En la medida en que el hecho típico y antijurídico punible dé lugar a la producción de un daño material o moral a la víctima o a un tercero, este hecho dará lugar a la aplicación de una consecuencia Jurídica de reparación del daño, de restitución

---

[14] VILLA STEIN, Javier. Derecho Penal, Parte General. Segunda Edición, editorial San Marcos Lima 2001, p. 534.

del objeto de que se haya privado a su titular y, en su caso, de indemnización del perjuicio material o moral producidos; esta consecuencia es la denominada responsabilidad civil derivada del delito.

Al determinarse que el elemento principal de la reparación civil es el daño, entonces solo existiría obligación de reparar este cuando alguien resulta perjudicado como consecuencia de la violación de un deber jurídico preexistente se daña materialmente el bien jurídico protegido. Este elemento, daño, no esta presente en los delitos de peligro (o no llega a concretarse); por lo cual es importante analizar y cuestionar porqué si no hay daño se fija reparación civil en los delitos de peligro (más aún si se trata de un delito de peligro abstracto), por lo cual no existe fundamento jurídico para imponer una reparación civil.

BIBLIOGRAFÍA

1. BARJA DE QUIROGA, Jacobo López. Derecho Penal. Parte General. Tomo. I y III. Editorial Gaceta Jurídica. Primera Edición -2004. Lima-Perú.

2. BRAMONT-ARIAS TORRES, Luis Miguel. Derecho Penal Parte General. 2000. Editorial Santa Rosa.

3. CREUS, Carlos. Derecho penal. Parte Especial. Tomo 2. Sexta Edición. Argentina 1997. Editorial Astrea de Alfredo y Ricardo Desalma S.R.L.

4. CASTILLO ALVA, José Luís. Principios de Derecho Penal. Parte General. Primera Edición- Febrero 2002. Editorial Gaceta Jurídica. Lima.- Perú.

5. CASTILLO ALVA, José Luís, "Código Penal Comentado", T.I., Título Preliminar , Parte General, Editorial Gaceta Jurídica S.A., Lima-Perú, 2004.

6. CUBAS VILLANUEVA, Víctor. El proceso Penal Teoría y Práctica. Edit. Palestra Lima. 2003.

7. HURTADO POZO, José, Manual de Derecho Penal, Parte General L Editora Jurídica Grijiey EIRL. Tercera edición, 2005. Lima.

8. PEÑA CABRERA Raúl. Tratado de Derecho Penal. Volumen I. Parte General. Editorial AFA. 1988.

9. PRADO SALDARRIAGA, Víctor. Las consecuencias Jurídicas del delito en el Perú. Editorial Gaceta Jurídica S.A. 2000. Lima.

10. ROXIN, Claus. Derecho Penal, Parte General. Editorial CIVITAS S.A., Primera edición, 1997. Madrid.

11. SAN MARTÍN CASTRO, César. Derecho Procesal Penal. Segunda Edición. Volumen II. Editora Jurídica Grijiey. Lima. 1999.

12. VILLAVICENCIO, Felipe. Código Penal Comentado. Editorial Grijiey. Tercera Edición- Octubre del 2001. Lima.

13. VILLA STEIN, Javier. Derecho Penal, Parte General. Segunda Edición. Editorial San Marcos, 2001 - Lima.

14. ZAFFARONI, Eugenio Raúl, "Manual de Derecho Penal", Parte General, T. I., Ediciones Jurídicas, Lima-Perú, 1986.